AF261523

भूले बिसरे अल्फ़ाज़ - 2

वरिन्दा महाजन

भूले बिसरे अल्फ़ाज़ – 2
वरिन्दा महाजन

Published by White Falcon Publishing

ISBN - 978-1-63640-951-1

शुक्रिया

मैं दिल से हर उस शख़्स का शुक्रिया अदा करना चाहती हूँ, जो मेरी ज़िन्दगी में आया और जिसने अपनी उपस्थिति से मुझे प्रेरित, उत्साहित और उर्जावान बनाए रखा ।

मैं इसे समर्पित करती हूँ, अपनी छोटी सी दुनिया अपने परिवार को जिनकी बदौलत मेरा सपना साकार हुआ ।

प्रस्तावना

अपनी और से

मेरा ग़ज़ल संग्रह भूले बिसरे अल्फाज, मेरी अपनी ही कल्पनाओं की उड़ान है ! मेरी इस किताब में हर पहलू का निचोड़ है! जहाँ जहाँ मेरी भावना को कुछ भी महसूस हुआ, उसे मैने अपनी कलम से लिखना शुरू किया !

लिखने का शौकं शायद मुझे बिरासत मे मिला था, क्योंकि घर मे माहौल ही कुछ ऐसा था ! जिंदगी के कुछ अनछुए पल जो आपके जहन मे बस जाते है और रह रह कर ख़यालों को झिझोरते है और आपको लिखने पर मजबूर कर देते है ! ऐसा ही कुछ मेरे साथ भी हुआ, जब कभी दिल उदास हुआ, कभी दिल ने ख़ुशी महसूस की, कुछ शरारते बचपन की, कुछ किस्से जवानी के जिसने मुझे लिखने पर मजबूर किया !

मैंने जो कुछ भी लिखा उसमे मेरे एहसास - जो मैंने महसूस किये ! मुझे शुरू से ही आर्ट मे, संगीत मे, लिखने की रूचि थी, बड़ा अच्छा लगता था जब कभी मेरा प्रोग्राम रेडियो पर, टी वी पर आता था पर जो मैं लिखती थी वो सब मेरे पास ही पड़ा था, सोचा क्यों न उसे किताब के रूप में अपने पास सहेज कर रख लू ! बस यही एक मेरा छोटा सा प्रयास है जो मैं सबके सामने रखना चाहती हूँ उम्मीद है जो भी इसको पढ़ेगा, पसंद करेगा

इसी तरह मेरा हौसला अफजाई करते जाए और मैं आगे भी लिखती रहूं!

आपकी
वारिन्दा महाजन

नज़्म

चाँद छुप गया बादलों की ओट लेकर झूम झांम के
छनकती चाँदनी ने कर दिया उजाला आसमाँ में

बादलों की शरारते रात भर उमड़ती रही बरसती रही
तेरे इन्तजार में रात भर आँखें हमारी भिगती रही

तेरे तसव्वुर में डूब कर कुछ देर आँखें बंद क्या करली
यादें जो ज़हन में उमड़ रही थी चुपके से सिसकती रही

वाकिफ़ तो हम है तेरी हर अदा हर एहसास से
पर ज़िद है हमारी तुम चलकर आओगी हमारी पनाह में

लफ़्जों की तरह लम्हें भी छोड़कर आगे बढ़ जाएगें
हमको अकेला छोड़ दिया तुमको ना अकेला छोड़ पाएगें

न जाने कितनी अनकही अनुसनी यादें साथ लेकर जाएगें
अगर तुम न आए खुदा कसम हम यह जहाँ छोड़ जाएगें

ऐसे ही गुज़र जाएगी ज़िन्दगी हमारी खुदा की रज़ा से
माँग लेगें हम अपने गुनाह की सज़ा अपने ही रब्ब से

तेरा ख़्याल कभी छू जाता है मेरे एहसासें ख़्याल से
सारी खुदाई महक जाती है इस दिल के बाज़ार में

मेरी कहानी

पढ़ सको तो इक कहानी हूँ मैं

कह दोगे तो इक निशानी हूँ मैं

बहते दरिया की तरह इक लहर हूँ मैं

आँखों से बहे जो वो पानी हूँ मैं

प्यार सब में बाँटना चाहती हूँ मैं

अपनी अलग पहचान बनाना चाहती हूँ मैं

दिल की नज़र से देखोगें तो इक पहेली हूँ मैं

तुम्हारी उलझी सी बातों की सहेली हूँ मैं

जख्म गहरा कितना भी सैलाब बन जाए

उतनी ही मुस्कुराहट की आदत भी हूँ मैं

जो मुझे समझ ना सका उसके लिए कौन हूँ मैं

जो मुझे समझेगा उसके लिए गुलिस्ता हूँ मैं

पछतावा अतीत की निशानी चिन्ता सुधारक हूँ मैं

आज में जीना चाहती हूँ अच्छे दिन की पहचान हूँ मैं

पाकीज़ा

बेख़ौफ़ मत फ़िरा करो, लौगों की नजरों से बच कर रहो
तेरी मासूमियत इक तुंफ़ान है, इसके आगोश के दायरे में रहो

अगर पास कोई आने लगे, उससे फ़ासला बना कर रहो
यह मतलबी शहर है, अपने आप को छुपा कर रहो

यह ज़िन्दगी के रास्ते है, इनमें कोई आएगा कोई जाएगा
अपनी ज़िन्दगी के मिज़ाज़ के साथ, अपने आप को जोड़कर रहो

यह तेरा आशिकाना मिज़ाज, ले लेगा ज़ान हज़ारों की
यूँ बन सँवर कर ना निकला करो, अपने को परदों में छुपा कर रहो

यह फ़िँजाए यह बहारें–समां, यह हवा में झूमते पेड़ों का नशा
इन पेड़ों के साए तले, बन संवर कर ऐसे मत खड़े रहा रहो

तेरी ख़ूबसुरती है चाँद सी, इसे किसी की नज़र ना लगे
तू रहे ऐसे ही पकीज़ा पाक, तू अपनी ही किसी कहानी में रहो

हस्ती

देती है बहारें–पैगाम उनके आने का
बड़ी मुश्किल से मिलने की घड़ियाँ आई हैं

तेरी खुशी में खुश हूँ तूँ मेरी वफ़ा पर यकीन कर
ना मिला करो सब से यह शिकायत जुंबा पर आई हैं

तुझे कसम है इस दिवाने की अपने बारे में कुछ तो बता
बेताब है दिल–धड़क रहा है, बेताबी दिल पर छाई है

मेरी हस्ती में शामिल तू है, तेरी हस्ती में मैं कहाँ हूँ
तुझे देखता हूँ जर्रे जर्रे में, बस यही मेरी सच्चाई है

इक मोहब्बत है इक मंज़िल है, बस यही इक हकीकत है
मैं क्या मेरा दिलें दिवाना क्या, बस मेरी राह में तू ही समाई है

मिलती है तसल्ली मेरी रुह को याद उन पलों को करके
मिल रहा है सुकूँ मुझे जैसे सावन की बरसात आई हैं

इन्तज़ार

महफिल में तुम्हारी हम, समान बनकर रह गए
न तुम आए ना ख़बर आई, हम तो इंतजार में रह गए

यह दिल न बस सका, तेरे दिल के बनें मकान में
हम तो तेरी चौख़ट पर, सर झुका कर बैठ गए

किससे करते हम अपने एहसासें दिल पर गुफ़्तगू या रब्ब
हम तो खुद ही अपने राज़ पर परदा उठा कर रह गए

जैसे किसी ने छीन ली हमारी ज़िन्दगी से बहारें–चमन
हम तो–अन्धेरों के साए तले, गुमशुदा होकर रह गए

चिरागें–मोहब्बत जलाकर, बैठे रहे हम तमाम रात
न आए वो, हम विरानों की हवाओं में जलते बुझते रह गए

दिल उसका भी जलता रहा, दिल हमारा भी जलता रहा
दिल उसका किसी और के लिए जला, हम उसके दिलज़ेल होकर रह गए

इक ख़्वाब

तेरी राह में खड़े है कब से बुत बनके
    तू मेरी चाहत बनकर आजा
हम शमा की तरह जल रहे है
    तू परवाना बनकर आजा

क्या ख़ता कर दी हमने
    किस बात की सजा दे रहे है
मेरे दर्द दिल की दवा हो तुम
    तू सँकूने–जाँ बन के आजा

हर लम्हा रफ़्ता रफ़्ता गुजर रहा है
    उसे समेट कर अपने साथ लेकर आजा
आज की रात हम सोएगें नही
    हमारें ख्यालों में तू बहार बनके आजा

दिल धड़कता है उसपर हमारा बस नहीं
    तू मेरे ख़्यालों में याद बन कर आजा
ज़िन्दगी जीने की चाहत पाल रखी है
    तू खुशियों की बाहर बन कर आजा

इन आखों में तेरे ही सपने देखे है
    तू बन के ख़्बाब पल़कों में आजा
इश्क की मंजिल को पाने के लिए
    तू मेरा साथ निभाने आजा

हसरत

तमन्ना है वो आए और हम एक हो जाए
इश्क़ की बाहों में तमाम उम्र कट जाए

जिन्दगी जीने का सलिका हम दौनो को आ जाए
खुशियाँ दर पर आ जाए अन्धेरें सारे छंट जाए

इश्क़ महोब्बत की दासता हमारी निशानी बन जाए
वो मेरा हो जाए और मेरी पहचान बन जाए

चलो कही दूर जाकर अपना इक अलग जहाँ बसाए
यहाँ पर हम दौनों की ज़िन्दगी हमीं तक सिमट जाए

जीनें की ख़्वाहिश ज़िन्दगी का एक अरमान बन जाए
खो जाए इक दूसरे के दिल में और इक तस्वीर बन जाए

न भूलने का वादा करके धड़कनों में समा जाए
अगर बिछड़ना पड़े तो इक दूजें की बाहों में सो जाए

तन्हाईयाँ

रात सुनसान थी बोझिल फ़िजाएँ थी

दिल के अन्दर सुलग रही गर्म साँसें थी

हमारी ज़िद थी की तुम आओगें

तुम्हारी ज़िद थी सो जाने की

फ़ीकी लग रही थी चाँद की चाँदनी

ज़हन में घूम रही तन्हाईयाँ थी

दूर से तेरे आने की आवाज़ आई थी

जैसे बाँसुरी की धुन किसी ने बजाई थी

ज़िन्दगी की परेशानी हर समय छाई थी

कभी यही बेग़ानी थी कभी हरज़ाई थी

दिल के दामन पर यह कैसा दाग़ें–रंग है

मेरी नज़रों को धोखा या स्याही–क़लम थी

ए ज़िन्दंगी तुझे क्या पता तेरे वास्ते

हमने कौन कौन सी राह अपनाई थी

शिक़बा

शिकायतों का दौर जब चलता है
        सोए जज़्बात जाग जाते है
दिल में बंद पड़े सब राज़
        धीरे धीरे खुलते जाते है

धड़कनें बंद हो जाती है
        जब तुम हम पर इल्ज़ाम लगाते हो
जख़्म देकर फिर उस पर
        मरहम लगा कर छोड़ जाते हैं

ख़्वाहिशों के मंजर चल कर
        आँखों के सामने तैर जाते है
सफ़र ज़िन्दगी का अब हम
        खत्म किए जाते है

महफिलें बहुत देख चुके
        बजारे–हुस्न की रौनके थी अदभुत
अब उन्ही महफिलों को याद कर
        धीरे से मुस्कुराए जाते है

इक तमन्ना थी ख़्याल था
        किसी के ख़्वाबों में बसने का
इसी सरुर की शह–मात पर
        हम ज़िन्दगी जिए जाते है

मोहब्बत अज़माया नही करते
        इश्क़ तो रुह में बसता है
अब तोड़ कर इन रिवायतों को
        तनहाईयाँ ओढ़कर जिए जाते है

मिलन

वो सुबह कहा से लाऊ वो शाम कहा से लाऊँ
तड़प रहा है दिल मेरा कोई उनसे मिलन कराओं

हवाओं से पूछते है अपने महबूब का ठिकाना
कुछ तो कोई बताए मेरा उनसे मिलन कराओं

ज़िन्दगी भटक रही है, मेरी अंधेरी ख़लाओं में
इतनी सजा मत दो मेरा इश्क़ से मिलन कराओं

मेरी रुसबाईयाँ मुझे रुसबा कर रही है हर जगह
मेरी आरजू को समझों मेरा प्यार से मिलन कराओं

मुझसे मत पूछ मेरी मोहब्बत के अधूरे फँसाने
भटक रहा हूँ अंधेरे में उसे ढूढ़ कर मेरा मिलन कराओं

साथ—साथ

कुछ ख़ुशगवार लम्हों में मैं भी जीना चाहती हूँ
खुशियों का हर मंजर आँखों से पीना चाहती हूँ

तेरे तसब्बुर को लेकर गुनगुनाना चाहती हूँ
तेरे साथ का लुत्फ़ मैं भी उठाना चाहती हूँ

तेरे एहसास को तन्हाईयों में जगाना चाहती हूँ
तेरा हमसाया बनकर तुझमें खोना चाहती हूँ

तेरे साथ चाँद की चाँदनी में नहाना चाहती हूँ
तेरे सीनें पर सर रख रात बिताना चाहती हूँ

अपनी चाहत को मैं तेरी चाहत से मिलाना चाहती हूँ
तेरे साथ ज़ीने मरने की कसमें खाना चाहती हूँ

अपनी ज़िन्दगी तेरे साथ मसरुफ़ करना चाहती हूँ
जब तक है जाँ में जाँ तेरे साथ रहना चाहती हूँ

गीत

ज़िन्दगी को अपनी मैं ख़ुद ही दुश्मन बना लेती हूँ
ख़ुशियाँ दरवाजे पर दस्तक देती है मैं गम उठा लेती हूँ

ज़िन्दगी मेरी राहों में आकर गुनगुनानें लगती है
मैं अपने पैरों में उल्फ़त की ज़ज़ीरें डाल लेती हूँ

मेरा करार कब मेरी बेक़रारी में बदल कर रह गया
वो वफ़ा भेजता रहा मैं बेवफ़ाई उठा लेती हूँ

मेरे दर्दे–दिल की तड़फ हवाओं में गूंज़ती रही
वो मरहम भेजता रहा मैं जख्मों को उठा लेती हूँ

मैनें अपने आप को उलझनों में उलझा रखा है
बहारें फूल भेजती रही मैं काँटों को उठा लेती हूँ

ज़िन्दगी सब कुछ भूल कर मेरे करीब खड़ी हो गई
छोड़ कर सब पीछे बाहें फैला कर ज़िन्दगी उठा लेती हूँ

नगमा

रात की आग़ोश में लिपटा सुबह का हल्का साया
भीगी भीगी सर्द हवाएँ हल्की हल्की चाँद की छाया

चाँदनी रात का उजाला आँखों में नींद का हमसाया
भूली बिसरी यादों का चारों तरफ है धुंधला साया

प्रीत की बगियां महक रही है फूलों का है श्रृंगार नया
कुदरत का यह खेल निराला इक फूल बन गया मेरा साया

दिल के अन्दर अरमानों की इक टीस सी उठती रहती है
नाकामियों की हाय हाय में उम्मीद का है इक हल्का साया

उन राहों का क्या करु जिस राहों से गुज़र कर आया तू
उन रस्तों का फ़ना कर दूँ वहाँ से गुज़र ना पाए तेरा साया

सारे अरमान मेरे दिल के जलते बुझते रहें रात दिन
नजर ना आया दूर तक इश्क़ की रोशनी में तेरा साया

ग़ज़ल

करके टुकड़े मेरे दिल के कहते हो शिशा टूट गया
हमने तो दामन पकड़ाया था वो हाथ से कैसे छूट गया

बहुत सोच समझ कर नाता जोड़ा–ज़िन्दगी तेरे नाम की
कल की खबर नहीं क्यों आशियाना हमारा लूट लिया

सपनों की दुनिया में फूल भी–शूल थे–चिराग़ भी–धूल थे
हमीं दूर खड़े देख रहे थे किसी ने कारवाँ हमारा लूट लिया

ना तूनें कहा ना मुझमें हिम्मत थी तेरे संग संग चलने की
आंधियाँ गम की ऐसी चली बाग सारा लूट लिया

ज़ुल्मों सितम सह कर ज़िन्दगी तुझे जीने चले थे
रास आया ना जीना हमें सभी ने हमको लूट लिया

कुछ खास नही था हम में इक आह दिल से निकल गई
जीनें की तरकीब नजर ना आई मौत के मंज़र ने लूट लिया

नज़्म

तेरे इश्क़ की गलियों के फेरे
    जोगी बन के लगाऊगाँ
आएगी जब ख़ैर डालने
    दीदार तेरा कर पाऊगाँ

जो चीज़ आसानी से मिल जाए
    रब्ब ने उसे मुश्किल क्यों बनाया
प्यार मोहब्बत खेल नहीं था
    नफ़रत का ज़हर क्यों मिलाया

दिल की दहलीज़ तक था
    रिश्ता तेरा और मेरा
बंद दरवाज़े के अन्दर
    रुह का था रैन बसेरा

अपने हिस्से का इश्क़ लुटाकर
    जान की बाज़ी लगा बैठे
बेख़बर ज़माना ताक में था
    पत्थरों की मार खा बैठे

परवाना तो मंड़राता रहा
    शमा ने जलना छोड़ दिया
दौनों की मिलन की चाह ने
    तड़प तड़प कर दम तोड़ दिया

ओं बेख़बर आसमाँ बाले बता
    पता मुझे मेरी मंजिल का
मेरा चैन सकून सब छीन कर
    पता बता दिया मुझे मशान का

कहानी गगन की

ओ गगन के काले मेघा
　　बरस बरस पानी बरसा
प्यासी धरा तरस रही है
　　तू उसकी प्यास बुझा

ओ गगन की लहराती नदियाँ
　　चाँद के संग संग बहती जा
रोशनी लेकर चाँदनी से
　　लहरों की कश्ती में सजती जा

ओ गगन पे उड़ती परियों
　　हवाओं के संग पंख फैलाओं
फ़िज़ाओं की सोंधी सोंधी खुशबु में
　　धरा की मिट्टी में बस जाओ

ओ गगन के चाँद सितारो
　　अपना जलवा सब को दिखलाओं
जब चाँद की छाया पड़े धरा पर
　　किरणें चाँदनी की शरमाए

ओ गगन के चढ़ते सूरज
　　धरती का तू रूप निखारे
जहाँ मिलते है धरती सूरज
　　उस पल को तू दिल में बसाले

ओ गगन की प्यारी बदली
　　तू क्यों खेले आँख मिचौली
कभी चाँद का आंचल थामे
　　कभी ओढ़ ले आगोश की झोली

ओ गगन की काली बादली
　　जल थल धरती को कर रही है
प्यास बुझ चुकी है अब धरा की
　　तू क्यों इतना बरस रही है

ग़ज़ल

एक मुद्दत से तमन्ना थी तुझे चाहने की
फ़ासलें दरमियान थे उनको मिटाने की

हम तो आ ना सके तुमने भी ख़बर ना ली
जरुरत महसूस ना की अफ़साने सुनाने की

मैं तो बेखबर था तेरी मसरुफ़ियत से
तूने भी ख़बर ना ली मेरे हालात जानने की

मैने तो ज़िन्दगी लिख दी थी तेरे नाम की
तूने ही कोशिश ना की मुझे मनाने की

अब तो बनके दवा आजा मेरे दर्दे दिल की
मैं ही कोशिश कर लूगाँ तुझे मनाने की

मेरी नज़र में तेरी कद्र क्या है तू क्या जाने बेखबर
तकलीफ़ तो बहुत दे चुकी अब मेरी बारी है तुझे सताने की

ख्वाहिशें

रोज तुमको छुप कर देखती हूँ
बस यही ख़ता है मेरी
चाहती हूँ अपने दिल का हाल
मिल करके बता दूँ तुझे

मेरी ख़्वाहिशें कह रही है
सज़ा लूँ अपनी ख़्वाहिशें को
पर बंदिशें रोक रही है मेरी
कैसे क्या क्या बता दूँ तुझे

तुझे देखकर दिल को
इक सकून सा मिल जाता है
तुझे खोने का एहसास
किस तरह बता दूँ तुझे

कभी कभी हम लफ़्जों की नही
दिल की आवाज सुनते है
आँखों की खामोशियाँ पढ़ लेते है
यह कैसे बता दूँ तुझे

हमने तो अपने दिल में
महबूब को खुदा बना रखा है
बिना देखे सदका उतारते है तेरा
यह कैसे बता दूँ तुझे

नज़्म

दिल में तेरी मोहब्बत औठों पे तेरा नाम है
कह न पाऊँ मैं किसी से, दिल में छुपा इक राज़ है

ज़ुबा पे तेरे जो बात है, आते जाते कहती जा
मुश्किल आ रही कहने में, इशारों से समझाती जा

कैसे कहूँ किस से कहूँ, कहानी दिलें नादां की
गुनाह किया जो दिल लगाया, क्या सज़ा इस गुनाह की

कह रही है दिल की धड़कन, सुन ले मेरी दासता
याद है मुझको हर तेरी, पहली पहली इल्तजा

छलके ना तेरी आँख से आँसू, पलकें अपनी मूंद ना
पढ़ लेगें इन आँखों की भाषा, अँखियों को तू बोल जा

चेहरे पर थी मासूमियत, कातिल तेरी हर अदा
शर्मो हया के इन लफ़्ज़ों को, ख़त में लिख कर छोड़ जा

पैगामें–मोहब्बत

कोई जाम पिला कर चला गया
        कोई नजरें मिला कर चला गया
हम इश्क़ के दरिया में बह रहे थे
        कोई बारिश की बूँदों से नहला कर चला गया

हम नजरें उठा उठा कर देखते रहे
        कोई नजरों को झुका कर चला गया
आँखें खुली की खुली रह गई
        कोई नींद चुरा कर चला गया

कौन था जो हवा के झोकें सा आया
        हवाएँ चलती रही कोई उसमे नहा का चला गया
ज़िन्दगी का लुत्फ़ कैसे उठाते है
        कोई एहसास करा कर चला गया

प्यासे दिल को इश्क़ की प्यास लगी थी
        कोई शराबें–जाम पिला कर चला गया
इश्क़ की किश्ती चल रही थी मझंधार में
        कोई मोहब्बत का पैग़ाम देकर चला गया

नज़्म

गम की आधियाँ चलती रही दिल तड़प कर रह गए
दर्द—ए—दिल की ख़बर नहीं प्यार में उज़ड़ कर रह गए

क्या कहूँ कैसे कहूँ हसरतों पर बदलियाँ छा गई
तन्हाई की गिरफ़्त में पड़ कर मायूसियाँ छा गई

धड़कनों की तह में मेरे प्यार की उम्र कम हो रही
जज़्बातों को रौ में बहकर ज़िन्दगी क्यों बदल रही

यह कसमों वादों की दुनिया सब ख़ोख़ली दिवारें है
कारबाँ तो गुज़र जाते है गुबारों के गुबार रह जाते है

मेरे गम की कोई दवा नही मेरी परेशानियाँ भी कम नही
कह दो इन ज़लज़लों से मेरी ख़शियों में तुफान कम नही

सुन रही है दासता यह सन्नाटों से भरी ख़ोख़ली दिवारें
बनते बिगड़ते अक़्स की टूटती बिखरती कतारें

तसव्वुर

ज़िन्दगी में प्यार का सफ़र बड़ा सुहाना है
इस दिल को सँभालो यह बड़ा दिवाना है

आपकी ख़ूबसुरती पर काले तिल का कमाल
कितने दिवानों के दिल पर करता है यह राज़

तेरे रुख़सारों पर गिरते गेसूयों का यह नूर
अगर दिल मचल जाए तो दिल का क्या कसूर

तेरी निगाहों का ज़ादू तीर पर तीर चला रहा
तेरे औंठों का अन्दाज़ दिल पर बिज़ली गिरा रहा

कैसे करें तेरे सामनें अपने प्यार का इज़हार
हमने तो ज़िन्दगी कर दी है अपनी तेरे नाम

ज़िन्दगी

ज़िन्दगी तेरी अदा है निराली

कभी तू हंसाती है कभी है रुलाती

कभी तू आज़ है कल की ख़बर नही

तेरी सुबह कोई नही तेरी शाम कोई नही

तेरी मोहब्बत की कोई पहचान नही

तेरी सोहब़त का कोई दर–किनार नही

आज तू खुशियों से भरा प्याला है

कल तू ग़मों का भरपूर ख़ज़ाना है

ज़िन्दगी ज़ीनी है तो शान से ज़िओं

अगर मौत आ जाए तो प्यार से गले मिलों

ज़िन्दगी के हर पल को वक़्त के साथ ज़ियों

मिली है जो ज़िन्दगी उसके हर लम्हें को ज़ियों

कदर कर लो ज़िन्दगी की यह फिर मिलेगीं ना दुबारा

ज़िन्दगी को अधूरा मत ज़िओं पूरा हक है ज़िन्दगी पर तुम्हारा

गीत

यह जो हल्का हल्का सरूर है
तेरी अँखियों का यह क़सूर है

तेरी ज़ुल्फ़ों में अटका दिल मेरा
इसमें मय के प्याले का है नशा

मेरी धड़कनें तेरी मोहताज़ है
तेरी दिल में अटकी मेरी ज़ान है

मेरी रुह में अक़्स का नूर है
तेरे इश़्क के नशे में चूर है

मेरी ज़ान बसी है तेरी ज़ान में
हम तो लुट चुके है दिलो ज़ान से

मेरी शायरी में तेरी मोहब्बत है बसी
समझ तो इशारा यही तो हक़ीक़त है मेरी

पिटारा

वो लम्हें याद आते है जो गुज़र जाते है

वो मज़लिसें याद आती है तो तड़प उठते है

कहदों उन यादों से मत ज़हन पर दस्तक दो

मत दिल को दुख़ाओं धड़कनों को धड़कने दो

छोड़ आए वो—ग़लियाँ यहां यादें बस्ती थी

यहां बचपन की खुशियाँ ज़वानी की मस्ती थी

धड़कतें थे दिल और मोहब्बतें ज़वां थी

फ़ुरसत ही फ़ुरसत थी मौसमों में सरगोशियाँ थी

आ गए हम दूर छोड़ आए उन सरहदों को

बसा ली नई दुनियां छोड़ आए पुराने रिश्तों को

कब समय बीता दिन बीतें गुज़र गए कई साल

ज़िन्दगी जीते जीते बीत रहे थे दिन—रात

यादों का पिटारा दिल के किसी कोने में दफना दिया

समय का पहिया पंख लगा कर उड़ता गया

अब मिली फ़ुरसत तो सोचा अपने बारे में

अब कहा वो महफ़िलें जो सजती थी चौराहें पे

अब तो गुज़र रही है ज़िन्दगी इस अहसास के साथ

जब तक जीना है ज़िन्दगी में सिर्फ मैं हूँ मैं के साथ

कुदरत

हवाओं को सुन लो क्या कह रही है
फूलों की बगिया में मस्त बह रही है
कलियों का खिलना खूशबु का बिखरना
भवरों का गुंज़न गुनगुना रहा गाना
पेड़ों पर पक्षियों का चहचहाना
शांखों का हिलना झूला झूलाना
सूरज़ की किरणों का शाख़ाओं पे गिरना
ओस की बूँदों का मोती सा चमकना
गुनगुनी धूप में अठख़ेलियाँ करना
ठण्डी हवाओं में मद–मस्तियाँ करना
सुबह और शाम का आपस में मिलना
दिन की दोपहरी में महफ़िल का सज़ना
प्रीत की डोरी की पंतगें उड़ाना
ख़्यालों में सब के संग पेंच लड़ाना
आसमां पर बदली का रंग बिख़ेरना
रात को तारों का आंचल फ़हराना
चाँद का धिरे–धिरे से मुस्कुराना
सितारों के संग रास रचाना
खेल यह सारा कुदरत का रचाया
सपनों का इक सुन्दर महल बनाया
अब आओ सब मिलकर इसे सँजाए
कुदरत की खूबसूरत नेमत को बचाएँ

गज़ल

रात भर दिल में टीस उठती रही
शमा जलती रही बुझती रही

ज़ख्म मिलते रहे खमोशी बढ़ती रही
ज़िन्दगी उलझनों से लड़ती रही

बेबसी रो रही मेरे हालात पर
धड़कनों में हरारत बढ़ती रही

प्यार हमने किया धोखा तो नही दिया
धोखें में भी यादें तड़पती रही

कैसे करें भरोसा हर किसी बात पर
हर भरोसे की दुनिया लुटती रही

अब तो रहने दो हमें हमारे हाल पर
मिलेंगे दोबारा अगर ज़िन्दगी रही

अफ़साना

हमनें लिखा अफ़साना मरने के बाद कोई हमें याद करेगा

मेरे अफ़सानों में लिखे लफ़्जों में अपनी पहचान ढूँढेगा

बचपन की किस्सें कहानियों मे मेरी बात करेगा

उन गलियों की यादों में जाकर मेरे नक़्श ढूँढेगा

फिर पन्ने पलटेगा लफ़्ज–दर–लफ़्ज पढ़ता जाएगा

एक एक लम्हा उसके ज़हन में दस्तक देता जाएगा

भिगी आँखों से आँसू छलकेगें और लफ़्ज धुधले पड़ जाएगें

एक आह भर कर हाथों से पन्नों को सहलाएगें

फिर मेरी यादों में ख्यालों में गुमसुम से खो जाएगें

कभी ग़म कभी खुशी के पल जो हमने साथ बिताए थे

उन पलों को अपनी ज़वानी के किस्सों से सज़ाओगें

जिन्हें पढ़ कर मेरी यादों को अपनी यादों में मिलाओगें

दिल धड़केगा ज़ज़्बात भडकेगें एहसास जगमगाएगें

उन मिठी मिठी यादों के सहारे दिन बीतते जाएगें

दिन बीतें साल बीतें उम्र बीती बीते दिन और रात

आखरी पड़ाब पर पहुँच कर हाथ दें रहे थे ज़बाव

कटा ज़िन्दगी का सफर अपने हमसफर के साथ

कभी उलझनों कभी तकलीफों कभी बिमारियों के साथ

होने लगा इस दिल को महसूस बिछड़नें का एहसास

हमने सोचा खत्म करते है अपनी ज़िन्दगी की पहचान

मेरी यादों का ख़जाना जब तक है तेरे साथ

कही नहीं जाँऊगी मैं रहूँगी हर पल तेरे साथ

खूबसुरत नज़्म

खूबसुरत नूरानी चेहरे पर जो शबाब है
यह किसी की यादों का कमाल है
तेरी आँखों के इशारे माशा अल्लाह
करती है गुस्ताख़ियाँ बल्लाह बल्लाह

करते है दिदार तेरी मेहरबानियों का
उठाते है नकाब तेरी दिल—दारियों का
तेरी जुल्फ़ों की लट का रुख़सारों पर गिरना
गिराती है बिजलियाँ दिल पर इनसे बचना

मेरी ज़ान ले लेगा यह तेरा चलना इठलाना
बहक जाएगा दिल मेरा देख कर लचकना तेरा
कुछ तो तवज़्जो करो मेरे इस दिवानेपन पर
मर न जाए कही तेरी हर इक अदा पर

तेरे हुस्न का जबाव नही ए हुस्न की मलिका
बड़ा एहसान होगा हम पर जो देखले इन नजर दिलरुबा
सुबह के नूर में देखकर चेहरा तेरा, मेरे दिल का धड़कना
बता सके तुझे ना अपने दिल के अन्दर का फ़लसफ़ा

साथ–साथ

तेरा मेरा इश्क है क्या, सुन ले चाहे सारा जंहा
मेरे दिल की धड़कन बता, ख्यालों में तू आके दिखा

जब से है नजरें मिली, दिल मिले धड़कने हो गई हरज़ाई
दिन बीते ना रैना जाए, प्यार की कैसी दुनिया बसाई

जाग उठा है दर्द–इश्क, दिल भी क्यों बेकरार है
आसुँओं का सैलाब है, ज़ज्बात भी ग़मसार है

बन्धन यह कैसा बांध लिया, दिल ने तुझे प्यार किया
टूटे ना धागा यह प्यार का, तेरा सहारा पा लिया

चमक रहे है चाँद सितारें, इश्क की रंगत रुप निखारे
कसम यह आज खा रहें, हम तो रहेगें सदा तुम्हारें

खिड़की की धूप

वो सर्दी की धूप का मेरी खिड़की से

कमरे के अन्दर आना

सर्दी में भी गर्मी का एहसास दिलाना

कमरे की धूप में बैठ कर

अपने प्यार के हाथों

पहला कप चाय का पीना

और अख़बार पढ़ने का मजा लेना

सब कितना अच्छा लगता है

ऐसा लगता है जैसे यह धूप

का टुकड़ा सिर्फ मुझसे मिलने

ख़िड़की से अन्दर आता है

ख़िड़की में बैठकर यादों से उलझना

छन छनाती धूप से अपने हाथ सेंकना

इसी ख़िड़की में सर्द धूप का आंनद आता हैं

कितने हसीन पलों का एहसास दिलाता हैं

इसी ख़िड़की पर बैठ कर अपने अफ़साने लिखती हूँ

आज़ाद परिन्दों की उड़ान में मैं भी उड़ जाती हूँ

ग़ज़ल

ठोकर खाकर भी ना सँभले हम ऐसे दिवानें थे
शमा से बच ना सके हम ऐसे परवाने थे

कतरा कतरा आँखों से आँसू बहते रहे
बरसात न बन सके वो सावन के बहाने थे

मेरे ज़िगर से अरमानों का ख़ून रिसता रहा
यह वो लँहू था जिसमें ख़्वाबों के अफसाने थे

बुझने लगी उम्मीद, लौं की तरह फड़फड़ाती रही
यह वो चिराग़ थे जो बुझने से पहले टिमाटिमाते थे

ज़िक्र तेरा हर इक मिलने वालों से करते थे
तड़प उठते थे ज़ज़्बात जब हम धीरे धीरे सिसकते थे

ग़ज़ल

शहर के शोर में दुनिया यहाँ बहाँ भटक रही है
इसकी रंगीनियाँ दिनों दिन बढ़ती जा रही है

घरों से दूर तन्हाईयों में डूब रहा है हर कोई
घरों में भी ख़ामोशियाँ बढ़ती जा रही है

ज़िन्दगी वीरान और मुक़्तसर सी होती जा रही है
अपने आप से मिलने की तलब बढ़ती जा रही है

कैसे बदलेगें कुद़रत के यह ताने बाने
अब तो ज़िन्दगी धीरे–धीरे ख़त्म होती जा रही है

आगे बढ़ने के ज़नून में ज़िन्दगी फ़िसल रही हैं
सँकू का एक पल पाने की ललक बढ़ रही हैं

कब मिलेगी ऐसी ज़िन्दगी जिसे जीने की तमन्ना है
इसी सोच में ज़िन्दगी हर लम्हा भटक रही हैं

चाँद की परछाई

समुन्दर में देखी चाँद की परछाई
लहरों के संग खेल रही थी
ऐसा लग रहा था जैसे
जलपरी कोई मचल रही थी
दुधिया चाँदनी चमक रही थी
अपनी धुन में ठुमक रही थी
सागर की लहरें उछल उछल कर
चाँद का आंचल पकड़ रही थी
देख कर इनकी अठखेलियाँ
मन ही मन हार्षित हो रही थी
कैसा सुन्दर मेल था इनका
घुलमिल कर खेल रही थी
मुसाफ़िर था यह रात का
आँखों से मैं तोल रही थी
क्या मंजर था क्या समां था
कुदरत को मैं देख रही थी
क्या रिश्ता है तुम दोनों का
मैं दोनो से पूछ रही थी
जब रिश्ता बन जाए प्यार का
फिर आस मिलन की रहती थी
चले आते थे आपस में मिलने
यही उम्मीद की डोर बंधी रहती थी

ख़्वाहिश

मेरी ख़्वाहिश तुझे पाने की
देखती हूँ राह तेरे आने की

तोल रही हूँ मोहब्बत को शब्दों में
तसव्वुर में सोच है तेरी तस्वीर बनाने की

दिल हारा जाँ भी तुझपे कुर्बान की है
मेरी हसरतें तड़प रही है तुझे अपना बनाने की

ज़िन्दगी में ग़म और खुशी दोनों की अज़माईश है
पर हमारी अज़माईश है तेरे करीब आने की

बार बार मेरा दिल हर पल तुझे पुकारता हैं
पर मेरी तमन्ना थी तुझे अपने पास बुलाने की

करते है इब़ादत हम उसकी रहमतों की
जिसने बजह बना दी, तेरी इक झलक दिखलाने की

आशा का दामन थामा है उम्मीद भी कायम है
सोचा है मेरे दिल ने तेरे संग उम्र गुज़ारने की

गमें-इश्क़

आँखों में नूर है लब पे दुआ है
सजदे में सर है दिल में वफ़ा है

दिल की धड़कनों में तड़प का सिला है
प्यार करने का हमें मिला यह सिला है

याद दिल में बसी है मैं भूली ही कब थी
सारी बातों का मसला जरा टेढ़ा मेढ़ा है

उसके हर इशारे पर हम तो मिटने को तैयार है
कोई होश नहीं हम पर तो उसके इश्क का नशा है

दावें प्यार के करता है पहलू में कोई और है
हमने सोच लिया छोड़ देगें क्योंकि उसके दिल में चोर है

ग़ज़ल

मालिक तेरे जहाँ में क्यों गम ही गम भरे है
ज़िन्दगी को तलाशते है पर रास्ते उज़ड़े पड़े है

फ़ुसत किसे यहाँ पर जो सुने मेरे अफ़साने
छुपाए कहाँ यह आँसू यह अश्क बेनकाब है

सुना करते थे तेरे हुस्न के चर्चे हर महफ़िल में
तेरी महफ़िल में जाने के हम बहाने ढूढ़ लेते हैं

पैगामें महोब्बत मिली, इज़हारे खुशियाँ क्या मिली हैं
चेहरे पर मुस्कुराट आज बड़ी मुद्दत के बाद मिली हैं

इश्क के प्याले में श़राबें—मोहब्बत मिलती हैं
सरुर तेरी अदाओं का ज़ुल्फ़ों में सावन की घटा हैं

तेरी रज़ा मेरे मालिक हम पर सदा बरसती हैं
ज़िन्दगी तुने दी है हमें हम तेरी रज़ा में खुश हैं

दस्तक

उदासियों में घिरे बैठे थे
अचानक खुशियों ने दस्तक दी
धड़कने बढ़ने लगी आँखें पुरनम हो गई
पहले प्यार की खुशबू हर तरफ महक़ उठी
रुबरु आकर वो खड़े क्या हुए
जान हमारी निकलने लगी
उनके हाथ ने हमारा हाथ जब छुआ
जिस्म में सरगोशियाँ सी होने लगी
आँखें झुक गई लब थरथराने लगें
दिल में क्या चल रहा है साँसें उखड़ने लगी
हम समझ कर भी ना कुछ समझ सके
दोनों की खामोशियाँ बोलने लगी
तन्हाईयाँ ख़त्म हो गई हर चीज़ बदल रही थी
अँखियों की भाषा अँखियों से तोल रही थी
बहारें खुशनुम ज़िन्दगी गुलज़ार हो गई
उदासियाँ छिटक गई खुशियाँ निहाल हो गई
अन्धेरे उज़ाले आपस में गले मिल रहे थे
ज़िन्दगी के सुर धीरे धीरे बदल रहे थे
प्यार के तराने चारों तरफ बिख़र रहे थे
उदास ज़िन्दगी से तनहाईयों को निकाल रहे थे
हाथों में हाथ लेकर हम अपनी दुनिया बदल रहे थे
अपना आशियाना बसाने का इक सपना देख रहे थे

मुस्कुराहट

जब भी चूम लेता हूँ, इन पलकों को
हर तरफ चिराग, जगमगाते है

हंसी औठों पर लफज बनते है
दिल में कई नगमें, थरथराते है

देखकर तेरे अक़्स का, फ़लसफा
रकीब दर पर सर को, झुकाते है

ज़हन में कई ख्याल आते है
लम्हा बन के जो मुस्कुराते है

रक़्स करती है दिल की धड़कने
गीत बन कर ज़ुबा़ पर आते है

मौसमें मिज़ाज़ गुलज़ार हो जाते हैं
मुस्कुराकर हम कर्ज़दार बन जाते हैं

बचपन की यादें

एक अपना भी घर था

बचपन था प्यार था

वो घर क्या छूटा वो गली छूट गई

वो दहलीज की चौखट छूट गई

नए घर में पाँव जम नही रहे

पुराने घर के वो ज़लबें बुलाते रहे

अब जब भी उधर से गुजरे

पाँव अपने आप रुक जाते है

एक नजर जी भर कर देखते है

तो आँखों के कोर गिले हो जाते है

यादों का खूबसुरत ज़ख़ीरा था

सब कुछ अपना अपना था

महोब्बत थी नजदिकियाँ थी प्यार था

अब तो कुछ भी बचा नहीं

जो कल तक अपना था

अब वो गली का घर

इक खंड़हर सा लगता है

यहाँ अब न अपनापन ना ममता है

अब तो सिर्फ वो एक यादों का महल है

यहाँ पर अब कोई नही बसता है

नज़्म

शाम को अंधेरा जब अपनी बाहें फैलाने लगता है
चाँद तन्हा ख़ामोशी से रात की गोद में छुप जाता है

अंधेरा चाँद की चाँदनी में ख़िल ख़िल जाता है
किसी के ख़्यालों के आँगन में छुप कर झांकने लगता है

यादों के सैलाब़ में बहा कर कही दूर ले जाता है
रात का अंधेरा जब धीरे धीर सरकता जाता है

भोर की अल़साई सुबह जब सूरज की रोशनी में नहाती है
सुबह की धूप भी अंगड़ाई लेकर कुदरत को जगाती है

दिन का उज़ाला सब को एक नई उम्मीद दे जाता है
उठो अपने ख़्वाबों ख़्यालों से ज़िन्दगी का पैग़ाम आता है

पढ़ लो ज़िन्दगी की किताब ज़िन्दगी अनमोल तोहफा है
इस नेमत को प्यार समझकर अपना बनाया जाता है ।

क्या लिखूँ

लिखने लगे दास्तान अपनी
सोच में पड़ गई क्या लिखूँ
पास तो था कागज़ मेरे
कलम भी पूछ रही क्या लिखूँ
शुरु कहा से करूँ
यही काशमकश हो रही
तेरी बेवफ़ाई लिखूँ
या अपनी वफा लिखूँ
अन्धेरों की चादर में लिपटी
अपनी रोशनियाँ लिखूँ
छू गए एहसास तेरे
उस पर ग़ज़ल लिखूँ
जो गम दिए क़िस्तों में
उसका हिसाब लिखूँ
मेरे जज़्बातों से तुम खेलें
उसका इंतख़ाब लिखूँ
जो मुकम्मल ना हो सके
उन ख़्वाबो को लिखूँ
जो जख़्म दिए तूनें
उनके दाग लिखूँ
क्या लिखूँ क्या ना लिखूँ
तेरे नाम का सदका लिखूँ
यादों का सैलाब लिखूँ
या इश्क की दास्तान लिखूँ
सब कुछ तो सोच लिया मैने
अब तू ही बता क्या लिखूँ

ग़ज़ल

मेरे दिल में तेरी मोहब्बत है उसे हर पल महसूस करते हैं
इश़्क की बाँहों का इंतजार नही रुह से महसूस करते है

आँखों में बसते हो तो तुमको ख़्वावों में महसूस करते है
ज़हन में रहते हो मेरे तो ख़्यालों में महसूस करते है

यह कैसा प्यार है यह कैसा इश़्क है अरे ओ बेख़बर
इसे हर पल हर लम्हा अपने आसपास महसूस करते है

तुम मिलों या ना मिलों घूमते हो यहीं आगे पिछे
अकेले में जब होते है तो तेरी यादों को महसूस करते है

तुम्हें आबाज़ देकर अपनी तबियत को बहला लेते है
नही तो तन्हा तन्हा तुम्हें दूर जाते हुए महसूस करते है

बेदर्द जमाने की निगाहों से छुपा कर रखा है तुमको
जब भी चिलमन के पिछे देखते है तुम्हे महसूस करते है

यादें

चाहते है तुझे क्योंकि हर पल तुझे याद करते है

यादों की कोई उम्र नही बस दिल से याद करते है

यादें किसी की मोहताज़ नही जब आती है आ जाती है

बैठते है जब तन्हाई में आकर बाँहो का घेरा बनाती है

यादों में याद आई किसी से इक मुक़्तसर सी मुलाकात

उसके साथ बिताया हर पल उसकी चाहत से था लगाव

वो दोस्ती थी या कुछ और सोच कर होती हूँ हैरान

मिलने की चाहत रहती थी पर समय नहीं था हमारे पास

समय बिताना बातें करना सब कुछ अच्छा लगता था

सुःख दुःख बाँटना उसके साथ दिल को सकूँ दे जाता था

इस जज़्बे इस एहसास को दिल से महसूस करते है

तेरी यादों के साए तले अपने आप को तलाश करते है

दिल से जुड़ा यह इक रिश्ता इसे कोई नाम ना दें सके

यह चाहत दिल की इसे अपने से जुदा कर नहीं सके

यह यादें बड़ी प्यारी है ज़िन्दगी के लम्हें सजाने के लिए

इन यादों को समेट लो अपने ख़ालीपन को मिटाने के लिए

थकन

अपनों के बीच में मैं खुद को अकेला पाती हूँ

छोड़ कर सारी नेमते बाहिर आगन में आ जाती हूँ

लगता है अब थोड़ा थोड़ा थकने लगी हूँ मैं

अपनी थकन मिटाने के लिए सैर पर निकल जाती हूँ

ऐसा नहीं कि मैने ज़िन्दगी से मुँह मोड़ लिया

बस अब भीड़ भाड़ छोड़ कर अकेले रहना चाहती हूँ

रिश्तों से दूर होकर रिश्तों में जीना चाहती हूँ

पर ऐसा भी नही कि मैं अपनो को छोड़ना चाहती हूँ

यादों के साए तले रहकर सबको याद कर लेती हूँ

पर यह बताना छोड़ दिया मैं किसको कितना चाहती हूँ

चलता रहा सफर मेरा ज़िन्दगी में आराम नही पाया

मुसाफिर बन कर ढ़ोलता रहा अब कोई मुकाम पाना चाहती हूँ

सब को जोड़कर अपने साथ दिन गुज़ारना चाहती हूँ

पर अपने नाम का जिक्र भी किसी जुबान पर सुनना चाहती हूँ

उम्र का यह पड़ाव कैसा है कुछ समझ नही आया

अब दिन भर इन्तजार करके दिन बिताना नहीं चाहती हूँ

खोल कर दिल अपना अब खुल कर जीना चाहती हूँ

क्या क्या किया सबके लिए यह बतलाना चाहती हूँ

हाँ मैं अकेलापन महसूस करती हूँ अपनों की भीड़ में

पर ज़िन्दा रहने के एहसास में अभी मैं जीना चाहती हूँ

कशिश

तेरी लरजती आवाज़ में आज भी वो कशिश है
बात करती हो जब अदा से उसमें भी कशिश है

झूकी–झूकी तेरी नजर में नशा है कशिश है
तेरे लबों की हंसी में इक जुदाई कशिश है

तेरे गुलाबी रुख़सारों पर शर्मी–हया की कशिश है
तेरी महकती जुल्फों में खुशबू हिना की कशिश है

तेरे माथे की बिंदियाँ में चाँद जैसी कशिश है
तेरी कानों की बालियों में लश्कारे की कशिश है

लहराए जो साड़ी का पल्लू उसमें हवाओं की कशिश है
तेरी पायल जब खनकती है उसमें घुघँरूओं की कशिश है

तेरी सादगी तेरी मासूमियत में एक पाकिज़ा कशिश है
तेरे मेरे रिश्ते में इक प्यारी खुश़बू की कशिश है

तेरे मेरे दरमियाँ इक पवित्र एहसास की कशिश है
क्या नाम दूँ इस रिश्ते को जिसमें बला की कशिश है

मैं तुमको नही तेरे वजूद तेरे तसब्बुर को पाना चाहता हूँ
पर मुझे रोकती है तेरे अन्दर की मासूम जो कशिश है

नज़्म

मोहब्बत किसी से भी हो सकती है
इश्क सिर्फ दिल की आवाज़ सुन कर होता है

ज़िन्दगी जी लेते है इक दूजे के संग
इश्क ही इश्क के साथ जवां होता है

मंजिल पानी है तो साथ देना पड़ेगा
सफर के साथ यादों का ख़ज़ाना होता है

महोब्बत करने वालों को होश कहाँ होता है
इनकी अपनी जमीं अपना आसमाँ होता है

हम दौनों की दुँआयों का असर हम पर बरसेगा
खुदा की नेमत का साया सबके लिए होता है

इश्क की फितरत में दर्द और आँसूयों का सैलाब है
इसको किसी से क्या लेना यह तो खुद में फ़ना होता है

गीत

सूरज के कदमों के निशा
     देख रहा है सारा जहां
चाँद की भीनी चादर देखो
     फैला रहा है अपने निशा

दे रहा है कौन गबाही
     तेरे मेरे प्यार की
शुक्रगुज़ार है हम तो उसके
     जिसने दे दी नई दिशा

आँख के आंसू भीगी पलकों
     पर जब भी आकर बैठेगें
चूम लेगें माथा उनका
     सिसक उठेंगी उनकी जुंबा

आ गले लग जा मेरे
     ऐ मेरी परदाऩशीं
चलते चलते थक न जाए
     कहीं हमारे कदमों की निशां

परछाई

हवा की तरह छूकर निकल गए वो
पीछे खुशबू की लहर छोड़ गए वो

इक तसव्वुर सा छाया आँखों के सामने
हाथ बढ़ाया तो फ़िसल कर निकल गए वो

बुत बन कर खड़े उस रस्ते को देखते रहे
जिस रस्ते से हवा की तरह गुज़र गए वो

उसके जिस्म की हरारत महसूस तो की
उस गर्मी में ठड़क का जलवा दिखा गए वो

रोज़ उस रस्ते पर शाम को आ जाते है हम
जिस रस्ते से हर रोज़ गुजर जाते है वो

इक दिन उनके रुबरु खड़े हो जाएगें हम
शर्मा कर मासूमियत से बुत बन जाएगें वो

आशिक़ी

छूकर मेरे दिल को इक इशारा तो कर गए
कहाँ मिलना है वो जगह हंस कर बता गए

यह इश़्क है हर किसी पर मेहरबान नही होता
आँखों से कर के इशारा वो हमको बना गए

ख़्वाबों के पंखों पर हमारा इश़्क जवाँ होने लगा
बैठ कर सागर किनारें महल रेत के बना गए

तेरी चाहत थी हम तेरे प्यार में पागल हो गए
एक तुम थे हमारे प्यार को दीवाना बना गए

तेरे आने की ख़बर ने मुझे मदहोश सा कर दिया
तुम आए और आकर चल दिए हमको पागल बना गए

तेरी चाहत तेरी जुस्तजू तेरी यादों का साथ था
तेरी इक हाँ—मेरे दिन रात को अफ़साना बना गए

रिश्तें

कुदरत के बनाए रिश्तें, कुछ आधे कुछ अधूरें रिश्तें

कुछ एहसास से बने रिश्ते, कुछ ज़ज्बातों से उभरे रिश्तें

कुछ रिश्तों से जुड़ी है कहानी, कुछ रिश्तें बने हैं निशानी

कुछ अपने थे, कुछ–दूर थे रिश्तें, कुछ दिल के करीब थे रिश्तें

कुछ रिश्तें जज्बाती थे, कुछ नकाब में छुपे थे रिश्तें

कुछ दोस्तों से बन गए रिश्तें, कुछ उमीदों में उलझ गए रिश्तें

कुछ रिश्तें दूर से ही अच्दे लगते है उन्हें दूर ही रहने दो

संभले नहीं सभालें जाते रिश्तें, टूट कर बिखरतें जा रहे रिश्तें

रिश्तें भी इक तारीख बन रहे – दूर होते जा रहे रिश्तें

ज़िन्दगी की बाजी पलट देते रिश्तें कभी दूर से पुकारते रिश्तें

कभी पास आकर सहारा देते रिश्ते कभी दूर निकल जाते रिश्तें

कभी दिल का दर्द, कभी जख्मों का मरहम बन जाते है रिश्तें

कई रिश्तें साथ साथ है कई पीछे छूट जाते है रिश्तें

कभी उलझती डोर तो कभी कटी पंतग की तरह कट जाते है रिश्तें

रिश्तों के साथ जी लो, खुदा के दिए है रिश्तें

ज़िन्दगी संवर जाएगी अगर सचमुच में मिल जाए अच्छे रिश्तें

ग़ज़ल

उनकी बातों से अब दिल बहलता नहीं
कुछ बदले नज़र आते है वो पहले जैसे नहीं

लफ़्जों से काफी कुछ कह जाते है वो
अब ख़ामोशियाँ है कि बोलती नहीं

गिले शिकवों में दिन बीत रहे है
दूरियाँ जो बढ़ रही है घटती नहीं

उनकी बातें सुन आँखें भर आती है
मेरे इस एहसास को वो समझते नहीं

चुपके चुपके वो क्यों दूर जा रहे है
नज़दीक अपने वो आने देते नहीं

वफ़ा करके बेवफ़ाई कर रहे हैं
हमारी वफ़ा का वो सिला देते नहीं

गज़ल

दिल के दर्द की कोई दवा हो तो बताओ यारों
जो लम्हें बीत गए उनको ना याद दिलाओ यारों

इश्क़ करके अपने दिल की धड़कन में बसा तो लिया
हमें इश्क़ रास ना आया इस इश्क़ से बचाओ यारों

कर लेगें ज़िन्दगी बसर अपनी उनसे दूर रह कर
उसकी यादों से छुटकारा मिल जाए कुछ करो यारों

चलो अकेले रह लेगें हम यह शहर छोड़ देते है
हमारी उन गलियों को छुड़ाने में मदद कर दो यारों

होश में आए देर से अपना सब कुछ लुटा कर
अब ज़िन्दगी को दोबारा जीने में मदद कर दो यारों

क्या हो तुम

किसी गुलशन का खिलता फूल हो तुम
अपनी ख़ूबसूरती की तस्वीर हो तुम
फ़कत हवाओं में पतों का शोर हो तुम
या मेरी ज़िन्दगी की भोर हो तुम
क्या हो तुम

महकती बंसत की बहार हो तुम
या ठड़ी सावन की फुहार हो तुम
सर्दियों की गरम सौग़ात हो तुम
ठड़ी धूप की सुरमई शाम हो तुम
क्या हो तुम

दुधियाँ चाँदनी की रोशनी हो तुम
चौदहवीं के चाँद की मोहब्बत हो तुम
सितारों के अक्स का ज़लाल हो तुम
कुदरत की इक बनाई मिसाल हो तुम
क्या हो तुम

क्यों मेरे ज़ज़्बातों से खेल रही हो
क्यों मेरी धड़कनों से जुड़ रही हो
क्यों मेरे दिल का आईना बन रही हो
क्यों अपनी जुल्फों का कैदी बना रही हो
क्या हो तुम

तुम मेरी हो मेरी जान हो तुम
मेरी रुह में बसी इक याद हो तुम
मेरी जुस्तजू मेरा ख़्याल हो तुम
तुम मेरी हो मेरी हो बस मेरी हो तुम

सर्द मौसम

यह सर्दी के दिन यह ठिठुरती रातें

यह बर्फ़ के ढेरों पर ठहरती बरसातें

यह पावों की फ़िसलन यह उड़ती हवाएँ

यह बहते पानी की कल कल अदाएँ

यह पेड़ों की साखों पर रुई की बुनाई

फ़िज़ाओं की शोख़ी में बरसती तन्हाई

ओस की नमी में चमके बूदों की सफेदी

सुरमई उजालों की छटा देखों अलबेली

पहाड़ों की ठिठुरन बदन को सहलाए

पक्षीयों की ध्वनि मन को बहलाए

इस चम्पई अन्धेरे का अन्दाज निराला

चाँदनी की चादर ओढ़े चाँद दिवाना

तारों के जाल में चाँद का लिपटना

दिखला रहा अपना जलबा ऐ दिल ज़रा संभलना

हर और देखो है ज़न्नत का नज़ारा

मौसम की अदा का है स्पर्श सुहाना

आंवले का पेड़

मेरे अंगना आंवले का पेड़
　　जिस पर बैठे पक्षी अनेक
चहक चहक कर सर खा जाते
　　फुदक फुदक कर दिल बहलातें

सुबह सबेरे जब आँख खुले
　　इनकी सुरीली तान गूँजें
ओस की बूदें पतों पर चमके
　　सूरज की किरणों से बगियाँ झूमें

मेरे अंगना फूलों का श्रृंगार
　　ऐसा लगे आई हो बहार
गुलाब, चमेली, नरगिस और गेंदा
　　मन को मोह ले रजनीगंधा

पक्षियों का है इस पर बसेरा
　　उनका प्यार बड़ा अलबेला
सामने बैठकर दिल बहलाए
　　दोस्ती का दामन फैलाए

पेड़ पर पक्षी अपना बसेरा बसाए
　　उसमें अपने बच्चे सहलाए
मेहनत का दाना चुग कर लाए
　　अपनी चोंच से उनको खिलाए

P.T.O.

उड़ना लड़ना सब सिखलाए
        प्यार का मतलब उनको समझाए
फिर दूर देश को उड़ जाए
        नए परिन्दें अपना घर बसाए

उनको देखके सोच रही थी
        काश मैं भी एक परिन्दा होती
न कोई फिक्र ना चिन्ता होती
        अपनी ज़िंदगी मैं भी जीती

कुदरत ने भी क्या दुनिया बनाई
        जीवन की सच्चाई सबको बताई
प्रेम से रहो है सब से बड़ी सच्चाई
        खेल यह सारा कुदरत का मत भुलो मेरे भाई

www.ingramcontent.com/pod-product-compliance
Lightning Source LLC
Chambersburg PA
CBHW052352030726
47602CB00002B/24